In stiller Trauer

Thomas Romanus

Mit Fotografien von
Jörn Sackermann

HERDER

FREIBURG · BASEL · WIEN

WIR SIND NICHT AUSGELIEFERT

Auf einmal ist alles anders. Der Verlust eines geliebten Menschen kann die Seele in eine ungeahnte Situation bringen und konfrontiert uns ungefragt mit der Kehrseite des Lebens. Vieles, das wie selbstverständlich den Alltag prägte, scheint verloren. Es fehlt die gewohnte Nähe und Daseinsfreude. Kalt und verständnislos stehen wir der neuen Wirklichkeit gegenüber, die uns wie ein plötzlicher Wintereinbruch trifft. Doch wenn es uns auch an Worten mangelt, so vermögen Bilder der Natur mit ihrer eigenen und ruhigen Sprache auf uns zu wirken. Wir ahnen, dass wir nicht ausgeliefert sind an ein unabänderliches Schicksal, sondern dass uns das Leben auf eine zunächst undurchschaubare Weise herausfordert.

Notwendiger Wandel

Oft spüren wir, dass etwas einfach aufhört, obwohl wir noch nicht damit fertig geworden sind. Es geht vorbei, und wir betrachten es als unabgeschlossen, müssen Abschied nehmen und bleiben enttäuscht über die Trennung zurück. Täglich können wir im großen oder kleinen solche Abend-Erfahrungen machen, bei denen wir uns manchmal am Ende glauben oder es uns schwerfällt, loszulassen. Dieser notwendige Wandel aber vermag etwas in uns zu verändern, schenkt uns Kraft, um frei zu werden und uns weiterzuentwickeln. Das Gewesene bildet einen wichtigen Teil unseres Daseins.

Wer es anzunehmen versteht, in dem bleibt auch die Sehnsucht nach Vollendung wach.

Befreiender Abstand

Wehmut durchzieht die Erinnerungen. Bilder aus vergangenen Tagen tauchen auf und verdeutlichen den schmerzlichen Verlust. Gleichzeitig entsteht leise, aber unüberhörbar ein Wunsch, den eine innere Stimme zum Klingen bringt: Das Bedürfnis wird wach, einen befreienden Abstand zum Geschehenen zu bekommen. Dieser erste Schritt gelingt gewiss nicht auf Anhieb, ist aber im

wahrsten Sinne des Wortes notwendig, um den persönlichen Beginn einer anderen Zeit zu ermöglichen. Loslassen meint nicht, das Gewesene fallenzulassen oder zu vergessen, sondern in der Distanz einen neuen Blick für das Leben zu gewinnen. In dieser verwandelten Sichtweise zeigt sich, was weiterlebt, wächst und uns begleitet.

Halt und Orientierung

Auf der Suche nach Halt und Orientierung erscheint die Sicht nach vorn noch unklar und wie im Nebel des Zweifels.
Gerade dann wird es wichtig, den Bodenkontakt zu bewahren und mit realistischem Sinn in kleinen Schritten neues Vertrauen in das Dasein zurückzugewinnen. Wer seine eigenen Wünsche und Bedürfnisse ernst nimmt und nicht aus unangebrachter Scham unterdrückt, erhält einen Blick für das, was ihm selbst und auch den anderen hilft. Eine Kurve bedeutet nicht das Ende des Weges, sondern regt an, weiterzudenken, neugierig auf das Kommende zu werden und dem Unbekannten mutig entgegenzugehen. Wer es gelernt hat, aufzustehen, lässt sich nicht so leicht aus der Bahn werfen.

In jedem Abstand ist Nähe

Heilsam ist es, in Tagen der Trauer und des Leidens eine neue und oft vorher nicht vorstellbare Verbundenheit mit dem Dasein zu erfahren. Das Gegenüber gewinnt Bedeutung in Gestalt von Menschen, in der Vielfalt der Natur oder durch die Sprache der Kunst. In solchen Begegnungen wird deutlich, dass der Austausch mit dem Leben eine Fülle von Formen kennt und sich nicht nur auf Worte beschränkt. Immer befinden wir uns in der Spannung zwischen der Empfindung, allein zu sein, und dem Kontakt mit allem Lebendigen. Dann können wir spüren, was über die eigene Begrenztheit hinaus trägt, und ahnen, wie sehr sich die scheinbaren Gegensätze in der Weite des Daseins berühren. Denn jede Höhe meint auch eine Art von Tiefe, in jedem Abstand ist auch Nähe verborgen.

Die Kräfte der Seele

Oft fragen wir verzweifelt oder gar zornig nach dem Sinn allen Leidens. Eine endgültige Antwort vermögen wir nicht zu geben. Doch zeigt sich bereits in der Blickrichtung, mit der wir unsere Lage betrachten, die eigene Einstellung gegenüber dem Unveränderlichen. Niemand von uns bleibt davon verschont, einmal in harten Zeiten schmerzlich bis auf den Grund der eigenen Person geprüft zu werden. Nach den Momenten, in denen wir uns ohnmächtig fühlen, kommen Zeiten, in denen wir die Kräfte der Seele und die Weite des Geistes

neu entdecken. Wir spüren geradezu körperlich, dass wir im besten Sinne menschlich und berührbar sind. Wer Angst, Zweifel und Schmerzen zulassen kann, wird sie als Lebenszeichen wahrnehmen, die uns wichtige Bereiche des Daseins erschließen. Natürlich gelangen wir zu dieser Einsicht nicht sofort. Doch die Erfahrung der Tiefe stärkt den Blick nach oben, und wir entdecken einen bisher unbekannten Weg.

Spuren des Lebens

Manchmal wird erst in den extremen Grenzerfahrungen deutlich, wie sehr wir uns auf dem Weg zu jener geheimnisvollen Mitte befinden, die jeder in sich trägt. Sie verleiht uns die Gabe, Spuren des Lebens zu suchen und auch an unbekannten Orten neue Schritte zu wagen, welche uns langsam, aber sicher vorantragen. Die innere Stimme gleicht einem Kompass, der uns eine Richtung angibt, die nirgends verzeichnet steht. Niemand vermag auf Dauer vor sich selbst oder einer Situation zu flüchten. Sorgen sind berechtigt, doch besteht auch in der scheinbar ausweglosesten Lage kein Grund aufzugeben.
Wer aufmerksam bleibt, wird die unscheinbaren und kleinen Wegweiser am Rande erkennen und sich von ihrer leisen Botschaft beschenken lassen. Das Ziel ist eine Ahnung aus vielen Zeichen der Orientierung.

Das Geheimnis des Daseins

Das Geheimnis des Daseins spricht zu uns in vielen Bildern. Es lässt uns durch eine Fülle von Zeichen erfahren, wie vergänglich und wandelbar es bleibt, wie unfassbar und unsichtbar es erscheint. Alles Lebendige begegnet uns als vorläufig, und doch hat jeder von uns seinen Ort und seine Zeit. Auch Dunkles gewinnt an Bedeutung, wenn es vorübergegangen ist.

Alle Wetterlagen ergeben erst zusammen jene Vielfalt und Harmonie, die uns die zahlreichen Entsprechungen und Abläufe in der Natur besser verstehen lassen. Und wir spüren, dass es zwischen und hinter all diesen Veränderungen etwas geben muss, das unwandelbar bleibt und alles trägt.

Die Wolken gleichen nur den Augenblicken, die vor einem zeitlosen Himmel spielen.

Hilfe annehmen können

Jeder von uns ist und sucht ein Du. Wir leben davon, Kontakte zu anderen herzustellen und in vielen Formen zu pflegen.
Erst im gegenseitigen Austausch können wir uns selbst erfahren und besser verstehen lernen. Niemand braucht sich im Schmerz zu isolieren aus der Angst heraus, als schwach zu gelten. Hilfe annehmen zu können ist ein Zeichen von Stärke und richtiger Selbsteinschätzung. Wer seine Gedanken und Empfindungen zu artikulieren vermag, bringt etwas von sich selbst zur Sprache und spürt, wie befreiend Worte sein können. Wer sich verletzlich weiß, wird auch fähig, auf andere zuzugehen und selbst Trost zu schenken. Wer liebevoll Türen öffnet, bleibt nicht einsam.

Verständnis für andere

Offene Augen und Ohren für die Not der anderen lassen uns die vielfältigen Zusammenhänge im Leben deutlicher erkennen und befreien uns von unserer Selbstbezogenheit. Die eigenen Sorgen sind berechtigt, doch das Verständnis für andere schafft einen wichtigen Abstand. Sich Zeit für ein Gegenüber zu nehmen und ihm zuzuhören ist ein Geschenk, das uns nichts kostet, aber

mehr zu bewirken vermag, als wir zunächst glauben. Die Nähe eines vertrauten Menschen kann heilender wirken als Medizin oder höfliche Beileidsbekundungen.

Solch eine Sympathie ist ein Mitleiden im besten Sinne, das den anderen ernst nimmt und aus der scheinbaren Sackgasse herausholt.

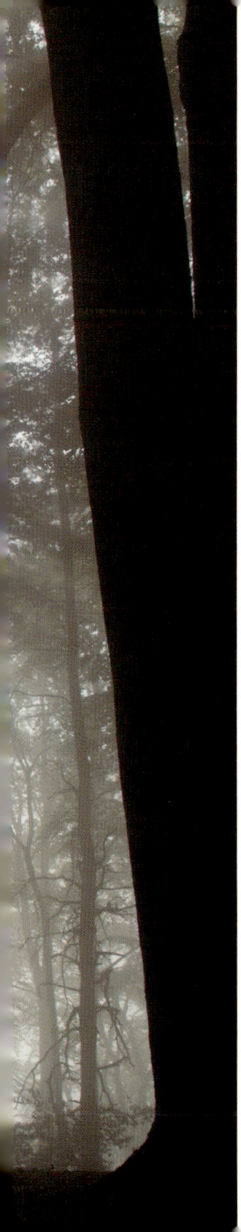

Empfindungen zulassen

Es gehört viel Mut dazu, auch jene Bereiche der eigenen Person anzunehmen, die uns selbst nicht so vertraut sind und die wir anderen nicht so gern zeigen. Doch Trauer und Angst, Wut und Zweifel gehören zu uns wie alle anderen Eigenschaften, die uns einmalig machen. Niemand braucht sich dafür zu schämen, wenn er sich als schwach und hilflos erfährt und sich entsprechend verhält. Wer seine Empfindungen zulassen kann, spart sich seine Kräfte für die Bewältigung seiner schwierigen Lage. Wir befinden uns stets in einer Spannung zwischen Frage und Antwort, wenn es um das Wesentliche geht. Mit den Licht- und Schattenseiten des Daseins müssen wir leben und zahlreiche Brüche aushalten. Doch es ist hilfreicher, mit der offenen Frage nach dem Sinn zu leben und Kontraste zu gestalten, als schnelle und nur scheinbar tragfähige Antworten zu akzeptieren, die nicht endgültig sein können.

Ein neuer Blick

Wer Augen für Details hat, der gewinnt einen neuen Blick für das Ganze. Täglich können wir die zahlreichen Zusammenhänge und scheinbaren Gegensätze spüren, aus denen unser Dasein besteht. Leben und Tod stellen zwei Seiten dar, welche in den unterschiedlichsten Formen miteinander verbunden sind und sich immer wieder neu begegnen. In den seltenen und kostbaren Momenten einer klaren Erkenntnis wird uns deutlich, wie groß der Wert aller Existenz ist, wie vergänglich und dadurch auch einmalig die Zeit und mit ihr alles Lebendige ist. Wenn dies unsere Wahrnehmung prägt, vermag es uns zu gelingen, wach zu bleiben und spontan zu handeln, sobald wir mit unserer Gegenwart in Wort und Tat gebraucht werden.

Neues Vertrauen ins Leben

Die Stille entfaltet einen eigenen Raum, der Geborgenheit ausstrahlt und neues Vertrauen in das Leben schenkt. In dieser Ruhe lässt sich das Wesentliche atmen. Und ein Gespür entsteht, das uns ganz im Augenblick präsent sein lässt und dennoch weit darüber hinausweist. Wir ahnen, dass die Zeit nicht von selbst alle Wunden heilt, im Gegenteil.

Es ist viel eigene Bereitschaft nötig, sich durch Phasen der Entspannung zu erholen und somit auf das zu konzentrieren, was unsere Kräfte fordert. Aus diesem Abstand heraus erscheinen neue Lebensmöglichkeiten vor unseren Augen, welche wir vorher als unvorstellbar angesehen haben. In der Mitte der Nacht beginnt ein neuer Tag, leise schenkt er uns neue Gegenwart.

Unverhoffte Lichtblicke

Im Dunkel erst zeigt sich, was uns zu Sternen wird, uns durch unverhoffte Lichtblicke eine ungeahnte Zuversicht schenkt. Wer sich neu orientiert, gelangt ins Weite und betrachtet vieles, was ihm begegnet, mit anderen Augen. Konturen und Farben erscheinen in einer geheimnisvollen Helligkeit, lassen Sehnsüchte in uns erwachen. Einen eigenen Horizont hat nur, wer auch über

ihn hinauszublicken bereit ist. Wo sich die eigene Sicht mit der von vertrauten Menschen vereint, ergibt sich für alle ein befreiender Blick nach vorn, der in die Ferne schaut, ohne das Naheliegende außer Acht zu lassen.
Das Leben gewinnt neu an Gestalt, wenn wir es nicht nur auf uns zukommen lassen, sondern es auch selbst mitgestalten.

Erinnerung ist ein kostbarer Schatz

Das Vergangene ist nicht vergessen. Es bleibt als kostbarer Schatz den alltäglichen Oberflächlichkeiten entzogen, wenn man es im Sinn bewahrt. Die Fülle der Erinnerungen an gemeinsame Zeiten lässt uns auf das Gewesene mit Dank zurückblicken. So bereichert, vermögen wir auch leichter die Gegenwart zu gestalten und die kommenden Herausforderungen zu bestehen. Die eigene Geschichte entsteht durch die verschiedensten Begegnungen mit anderen, die den eigenen Weg kreuzen oder eine Weile, vielleicht sogar ein ganzes Leben, mit uns gehen. Solche Erfahrungen prägen auch die eigenen Schritte. Im gegenseitigen Austausch findet jeder zu sich und dem Gegenüber. Die Freude über solche Erlebnisse gleicht einem Erntedankfest der Seele.

Unverwechselbare Spuren

Jeder Mensch ist einmalig und durch seine besonderen Eigenschaften unverwechselbar. Er hinterlässt kostbare Spuren im Leben der anderen, die ihn lange begleiten oder ihm nur kurz begegnen. Das geliebte Du wird immer ein Teil des eigenen Ich bleiben. So sind wir auf oft unsichtbare Weise miteinander verbunden und bleiben uns gegenwärtig, auch wenn das geschätzte Gegenüber weit entfernt lebt oder nicht mehr unter uns weilt. Die Schritte der Erinnerung enden nicht an der Grenze des Lebens, sie tragen uns weit darüber hinaus zu denen, die zu uns gehören. Wer sich erinnert, hinterlässt selbst unverwechselbare Spuren und vermag die der anderen besser zu deuten. Aus diesem Abstand heraus wird oft auch manches verständlicher, was uns zunächst bei anderen vielleicht irritiert hat.

Zeichen des Trostes

Veränderungen bilden nicht nur Zeit der Verunsicherung, sondern können auch einen unerwarteten Anfang bedeuten, wenn man offen bleibt für Neues. Die Gabe der Unterscheidung hilft weiter, wo die Suche nach Sinn und Zukunft schwer wird.
Durch den Wandel der Jahreszeiten zeigt uns die Natur, dass alle Geduld nötig ist für die Entwicklung von Leben. Wer Vertrauen in das Leben setzt, versteht auch zu warten und verlangt nicht unmögliche Wunder von heute auf morgen. Die Vergänglichkeit kann im Leiden auch zum Zeichen des Trostes werden. Und auf einmal beginnt sich etwas in uns zu regen und wächst über unsere Furcht hinaus, möchte Blüten treiben und ans Licht gelangen.

Eine belebende Quelle

Echte Hoffnung gleicht einer belebenden Quelle, die aus einer unsichtbaren Tiefe entspringt und leise ihre Umgebung beschenkt. Was so unscheinbar und klein beginnt, versteht es, beständig zu bleiben und aus einem bleibenden Anfang heraus auch ins Unbekannte und Ungeahnte zu führen. Gegenwart bedeutet Leben. Nur der Augenblick gehört uns und lässt uns weiter sehen als unsere Augen, mehr erkennen, als wir im Blick haben. Aus der Quelle des Moments geht die Zukunft hervor. Nur hier und jetzt kann etwas verwandelt werden, das über sich hinausweist.

Das Wunder des Daseins

Jeder von uns ist und bleibt wertvoll in seiner Würde als Mensch. Unabhängig von seinen Eigenschaften oder Leistungen ist jeder ein kostbares Du und ein unverwechselbares Ich. Jeder kann Teil eines beziehungsreichen Wir werden. Wer sich selbst nicht aufgibt, spürt, dass alles Leben größer ist und weiter reicht als Zweifel und Trauer. Gerade wenn man meint, dass niemand die

eigene Lage verstehen kann, ist es wichtig, die vielen kleinen Freuden des Tages wahrzunehmen. Es gehört zur Lebenskunst, sich beschenken zu lassen und mit wachen Sinnen offen zu bleiben für das Wunder des Daseins, das sich nicht in ernsten Zeiten erschöpft.

Frei und geborgen zugleich

Eine Seele, die nach Bildern hungert und auf ermutigende Zeichen hofft, wird Natur und Kunst nicht als Ablenkung erfahren, sondern in den Sinnbildern für das Unaussprechliche Trost erfahren, der weit über Worte hinausreicht. Mit einem Blick für die Schönheit des Lebens fühlt man sich auf eine andere, zweite Wirklichkeit verwiesen, deren Spuren unseren Alltag stets neu und auf überraschende Weise durchziehen.
Es entsteht ein tragfähiger Grund, auf dem man sich unterwegs weiß in der Landschaft des eigenen Daseins. Vor diesem Horizont kann man sich frei und geborgen zugleich empfinden.

Mut für Kommendes

Wer sein Leben selbst in die Hand nimmt und zugleich fähig bleibt, sich beschenken zu lassen, vermag jeden Tag etwas Neues hinzuzulernen. Solche wertvollen Erfahrungen sind der Schatz der Seele, der uns auch über Enttäuschungen harter Zeiten hinweghelfen kann und uns auf Dauer eine gelassene Reife vermittelt. Ungeahnte Einsichten und erstaunliche Ausblicke markieren einen Wendepunkt im Dasein. Wer sich am Ende glaubt, spürt neuen Mut und Freude in sich, nimmt die Weite und Vielfalt in uns und um uns mit anderen Augen wahr. Jede Krise fordert uns nicht nur bis an die Grenzen, sondern birgt zugleich auch eine Möglichkeit in sich, die wir als Chance gestalten können. Durch die Schmerzen ist Weisheit gewachsen, Trauer befreit zum Wandel. Trotz aller Schmerzen prägt der Dank den Rückblick und schenkt Mut für Kommendes. Wir lassen los und verstehen aufatmend etwas vom Geheimnis aller Existenz.

Neuausgabe 2014

www.herder.de

Gesamtgestaltung: Uwe Stohrer Werbung, Freiburg
Einbandmotiv: Uwe Stohrer
Herstellung: Graspo, Zlín

Gedruckt auf umweltfreundlichem, chlorfrei gebleichtem Papier
Printed in the Czech Republic

ISBN 978-3-451-30945-8